MISTER CONIGLIO

vol. 2

Best Friends Books

Testi e disegni di Rita Maneri
http://www.bestfriends-books.com
http://www.facebook.com/TheBestFriendsBooks

© 2014 Rita Maneri Tutti i diritti riservati
Prima edizione - Gennaio 2015
ISBN-13: 978-1502891495

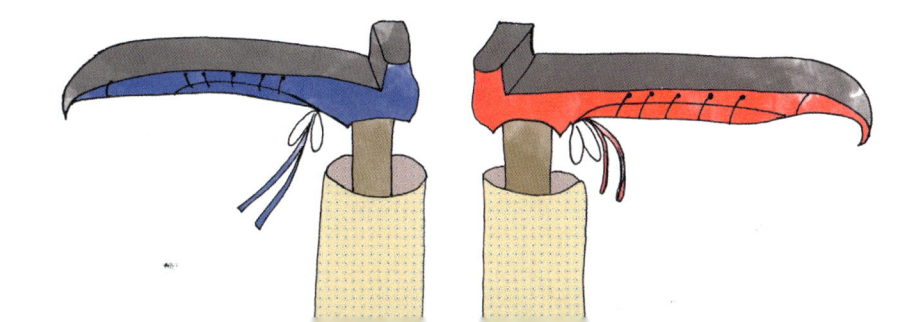

Mister Coniglio

è l'amico più mattacchione che si possa immaginare.

Primo

perché esce sempre con l'ombrello,
anche se fuori c'è il sole.

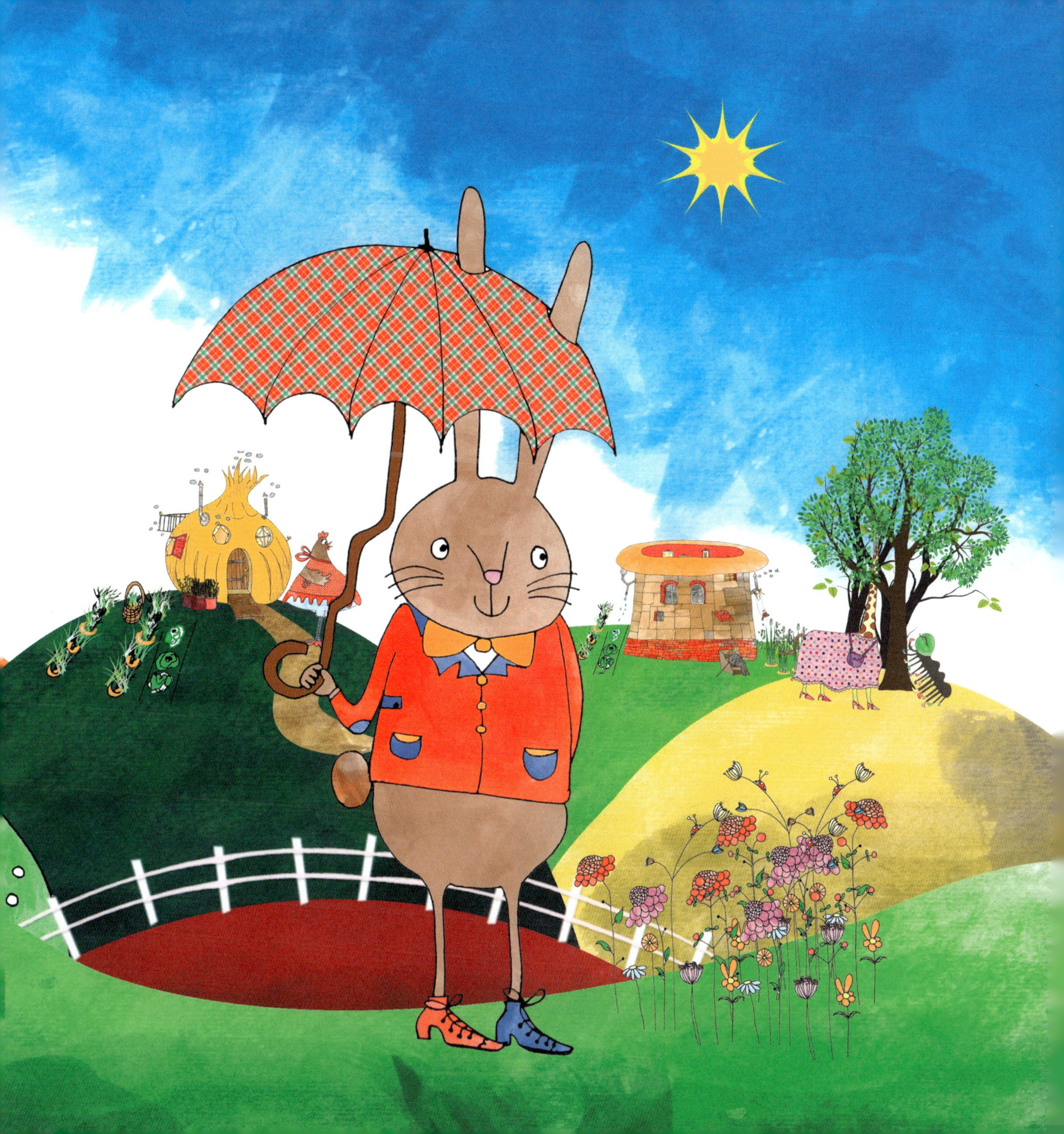

Secondo

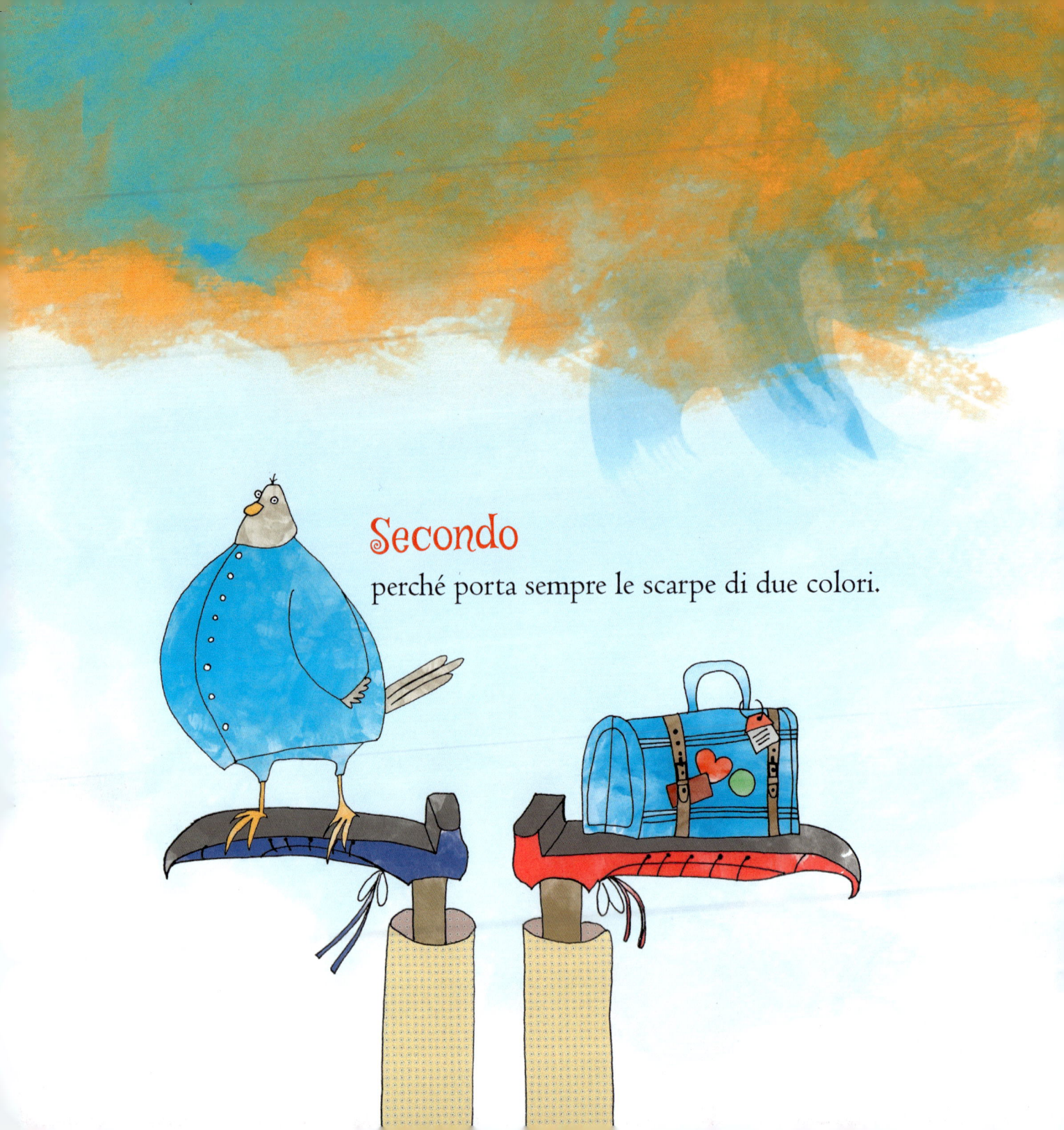

perché porta sempre le scarpe di due colori.

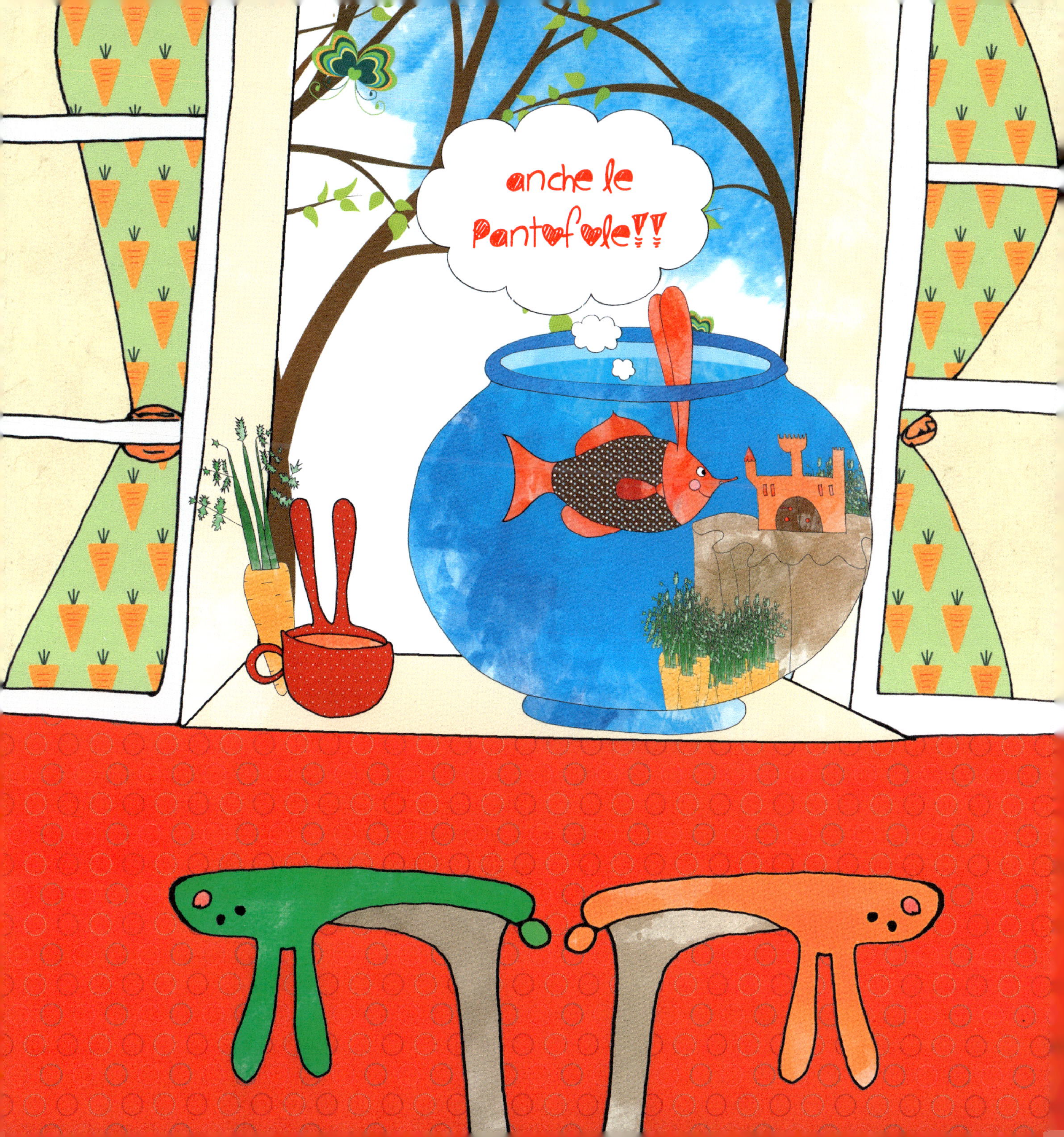
anche le
Pantofole!!

Terzo

perché ha comprato una sveglia molto preziosa
che invece di suonare, russa tutto il tempo.

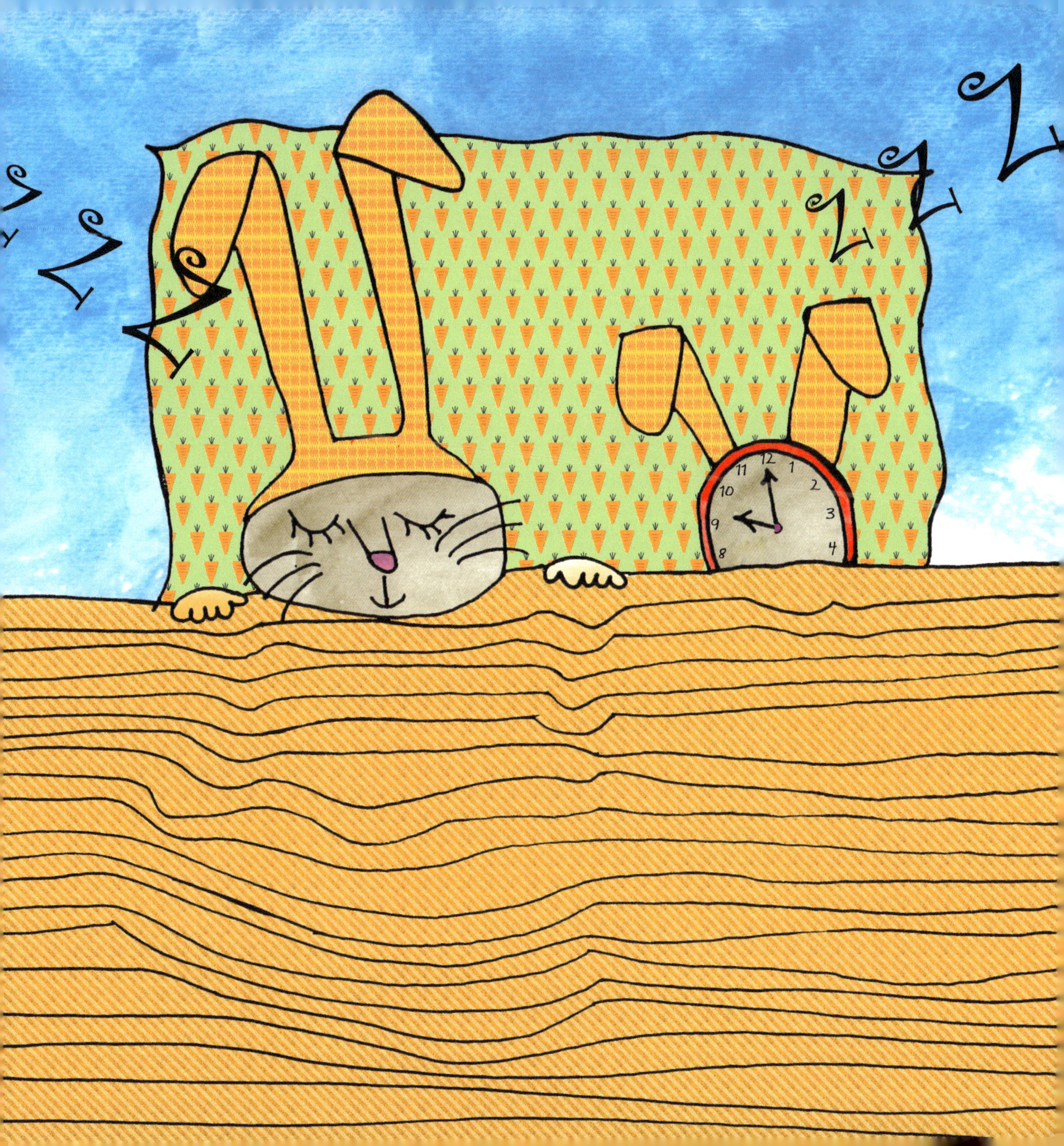

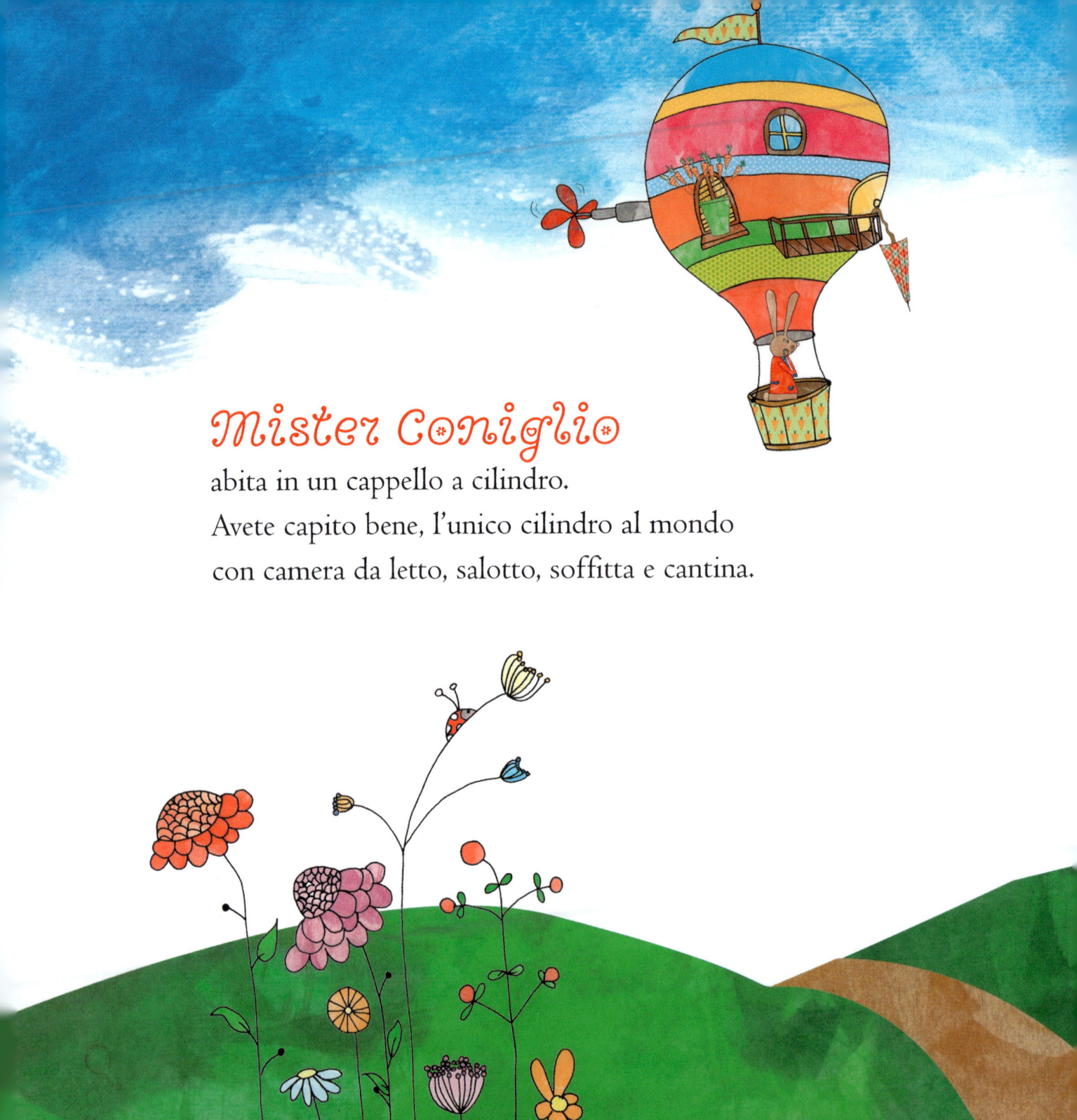

Mister Coniglio

abita in un cappello a cilindro.
Avete capito bene, l'unico cilindro al mondo
con camera da letto, salotto, soffitta e cantina.

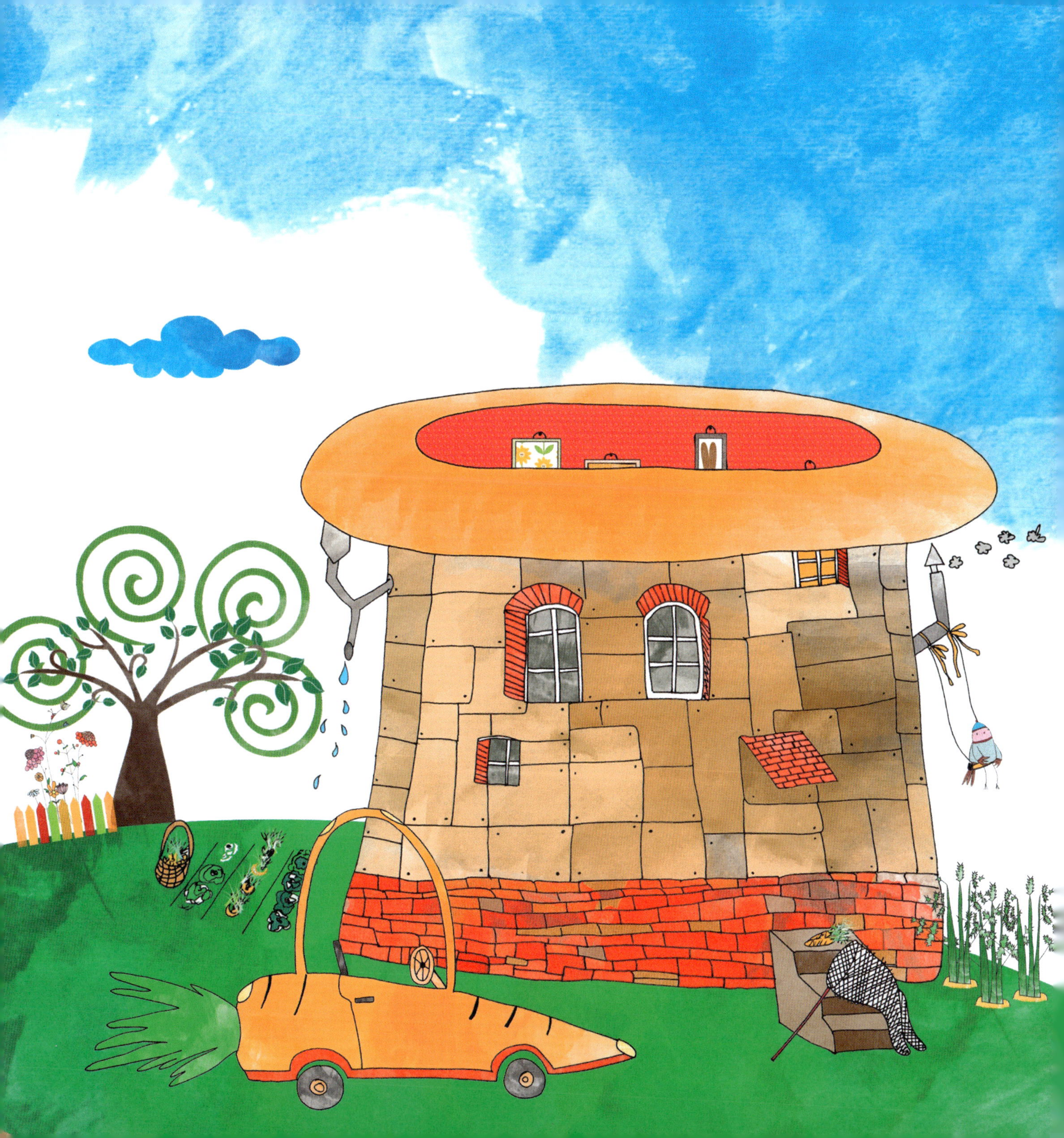

Un giorno
Mister Coniglio
cade dal letto e scopre sul Calendario dell'Amicizia,
appeso al contrario,
che è invitato a pranzo dalla sua carissima amica
Miss Gallina.

Oggi tutti a pranzo da Miss Gallina

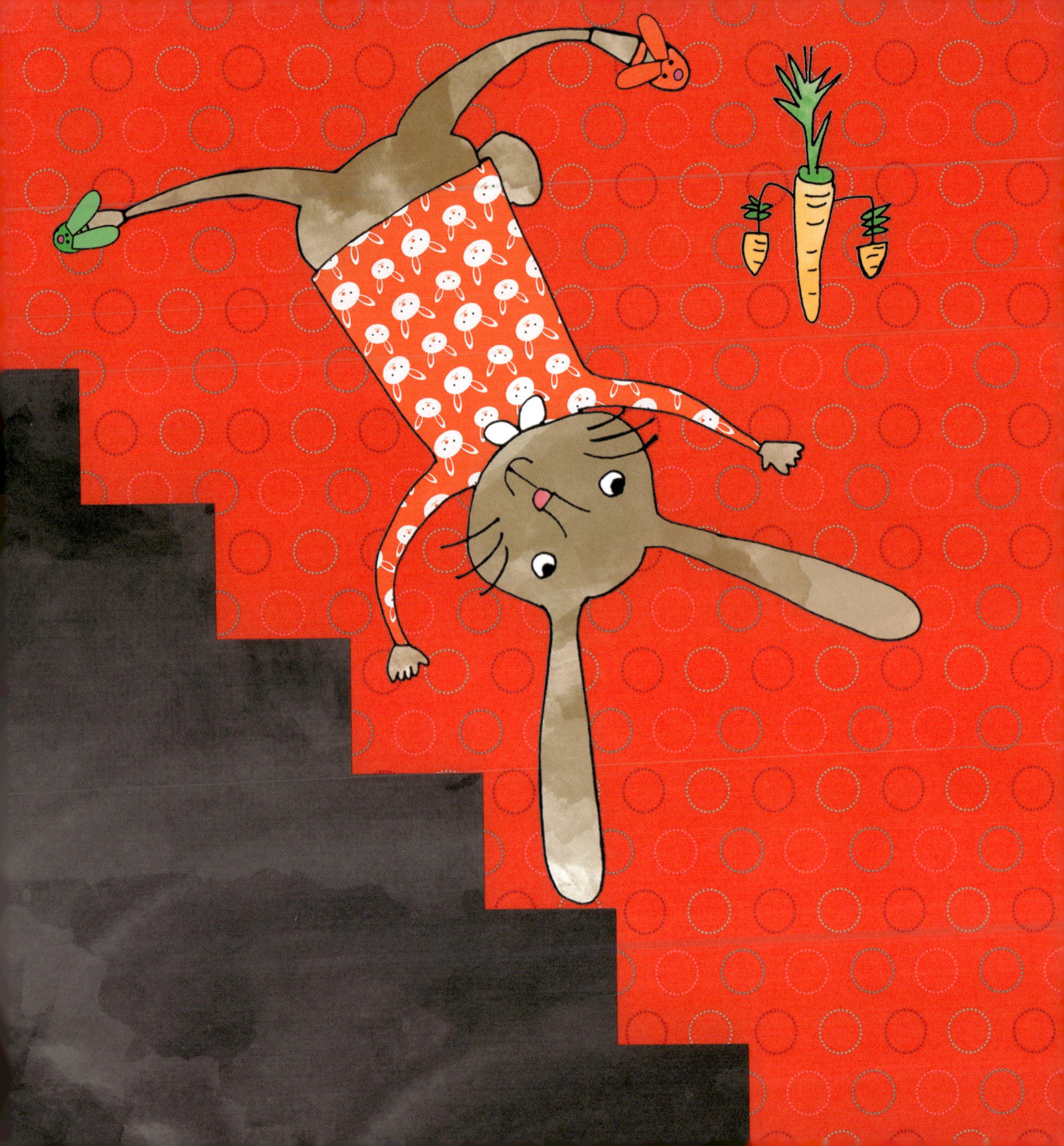

"Uh uh, un pranzo?
Da Miss Gallina?
Farà sicuramente
un dolce a sorpresa!
Devo sbrigarmi..."

E ruzzola giù dalle scale
per andare in cucina a bere
la sua bibita preferita:
succo di carotine fresche.

Già, la cucina...
Dove sarà questa volta?

Mister Coniglio
non trova mai la cucina.

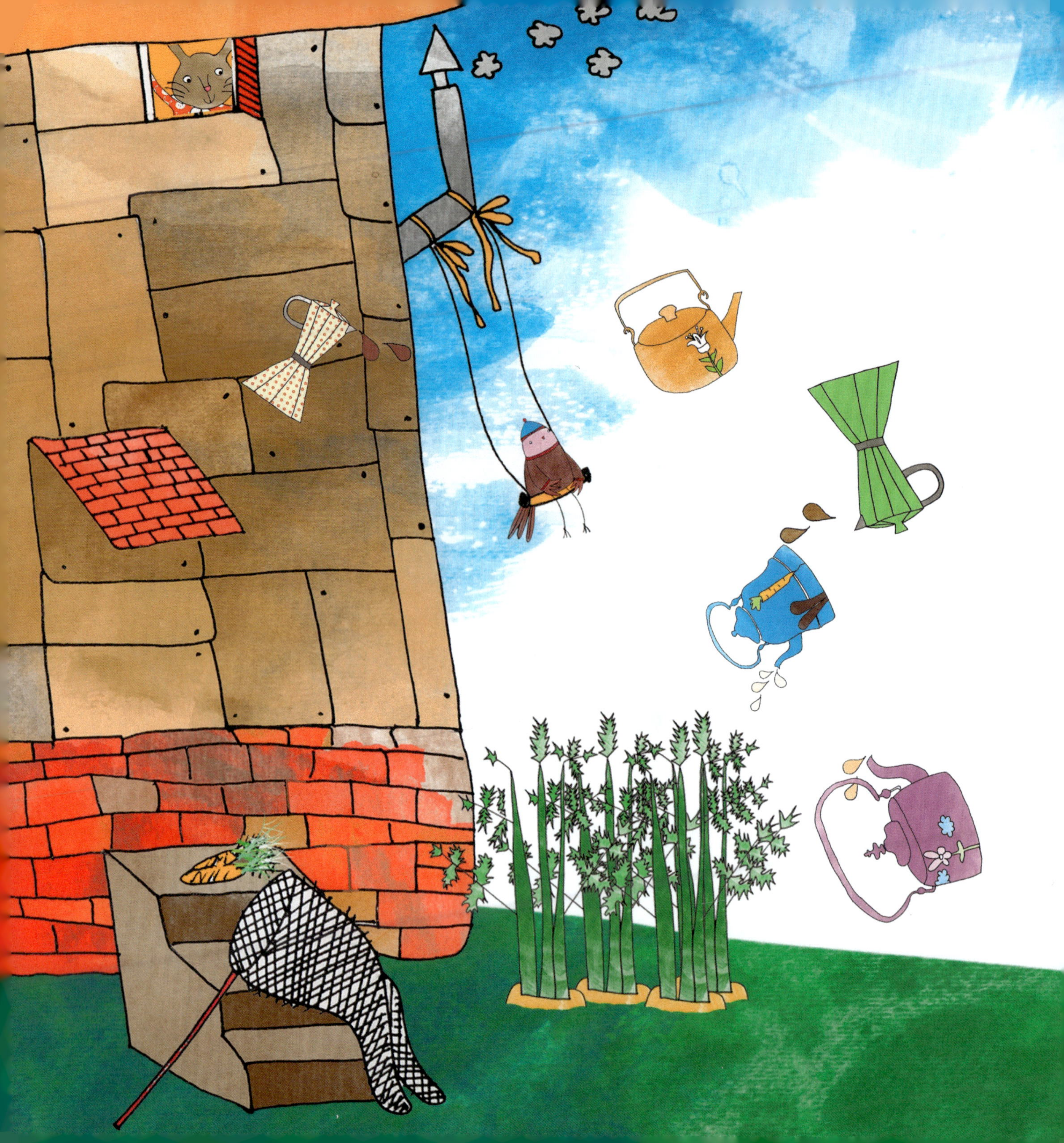

Trova il bricco del latte, trova la caffettiera,
ma la cucina no!
E allora fuori tutto...

Mister Piccione

trotterella da quelle parti.
E' appena tornato dalle vacanze.

"Ciao amico...
ma sei ancora in pigiama?
Miss Gallina ci aspetta!"

E vola via per non prendere
una teiera sulla testa!

Mister Coniglio

è davvero in ritardo.
Corre in soffitta
a cercare le scarpe.

"Uh, Uh! Che scarpette pazzerelle!"

Sono belle, sono colorate...
Ma quelle verdi sono due sinistre,
quelle gialle due scarpette destre.
E così tutte le altre!

Mister Coniglio non sa cosa fare.
Alla fine sceglie una scarpa sinistra blu
e una destra rossa.

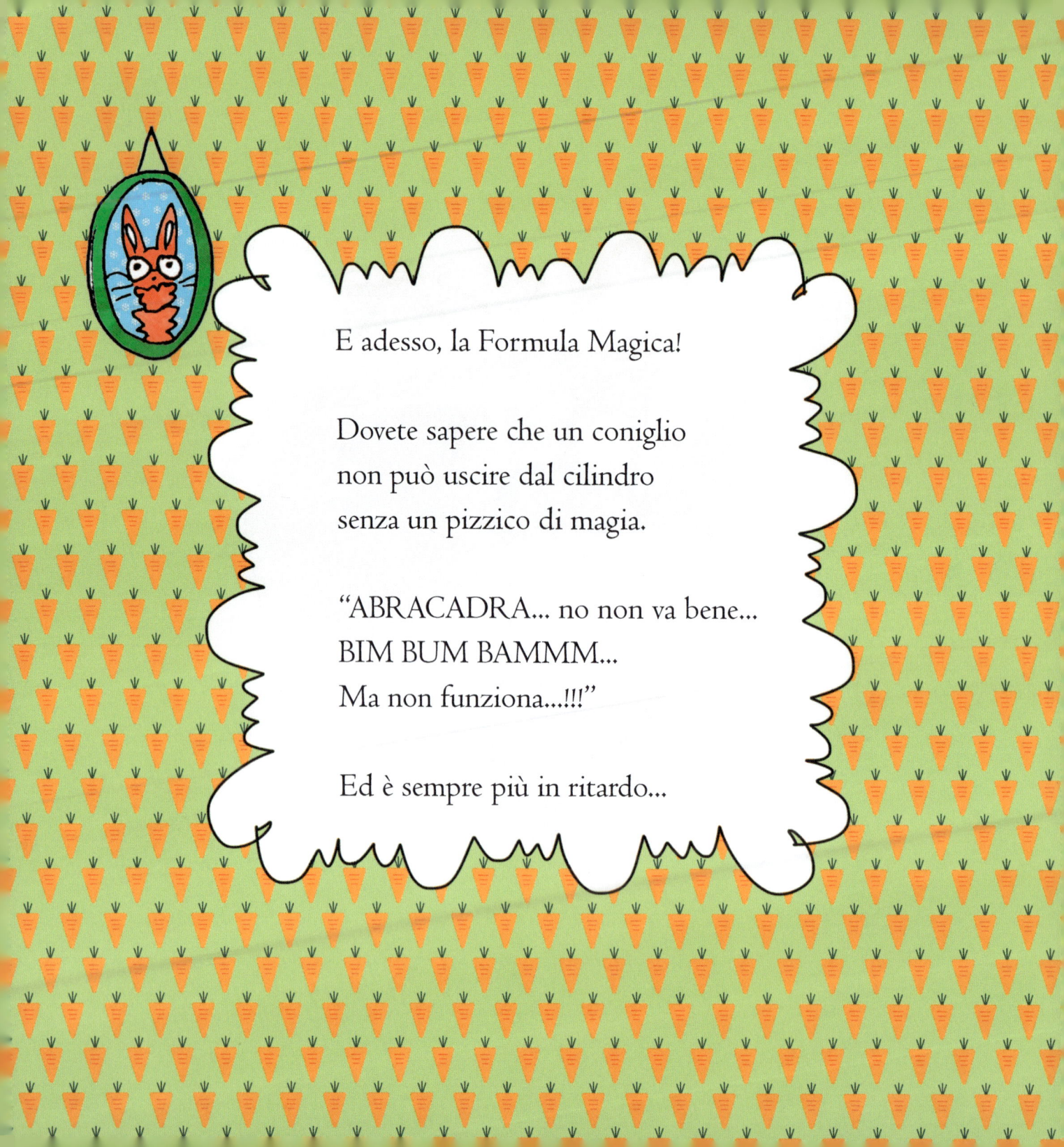

E adesso, la Formula Magica!

Dovete sapere che un coniglio
non può uscire dal cilindro
senza un pizzico di magia.

"ABRACADRA... no non va bene...
BIM BUM BAMMM...
Ma non funziona...!!!"

Ed è sempre più in ritardo...

SIM SALA ZUMMM
BIM BUM BAMM!!!
BIDIBI BODIBI BUUU!!!!
ABRA CADABRA
SALAGA DOO DOO DOO
UN, DUE TRE FANTE CAVALLO E RE
SIM SALA SUUUM

Peccato! Questa Formula Magica
proprio non viene fuori!

Mister Coniglio

è disperato: "Povero me!
Come faccio a raggiungere i miei amici?"

Pancho, il suo pesce rosso orecchiuto,
ha una buona idea.
Gli manda un messaggio in bottiglia!

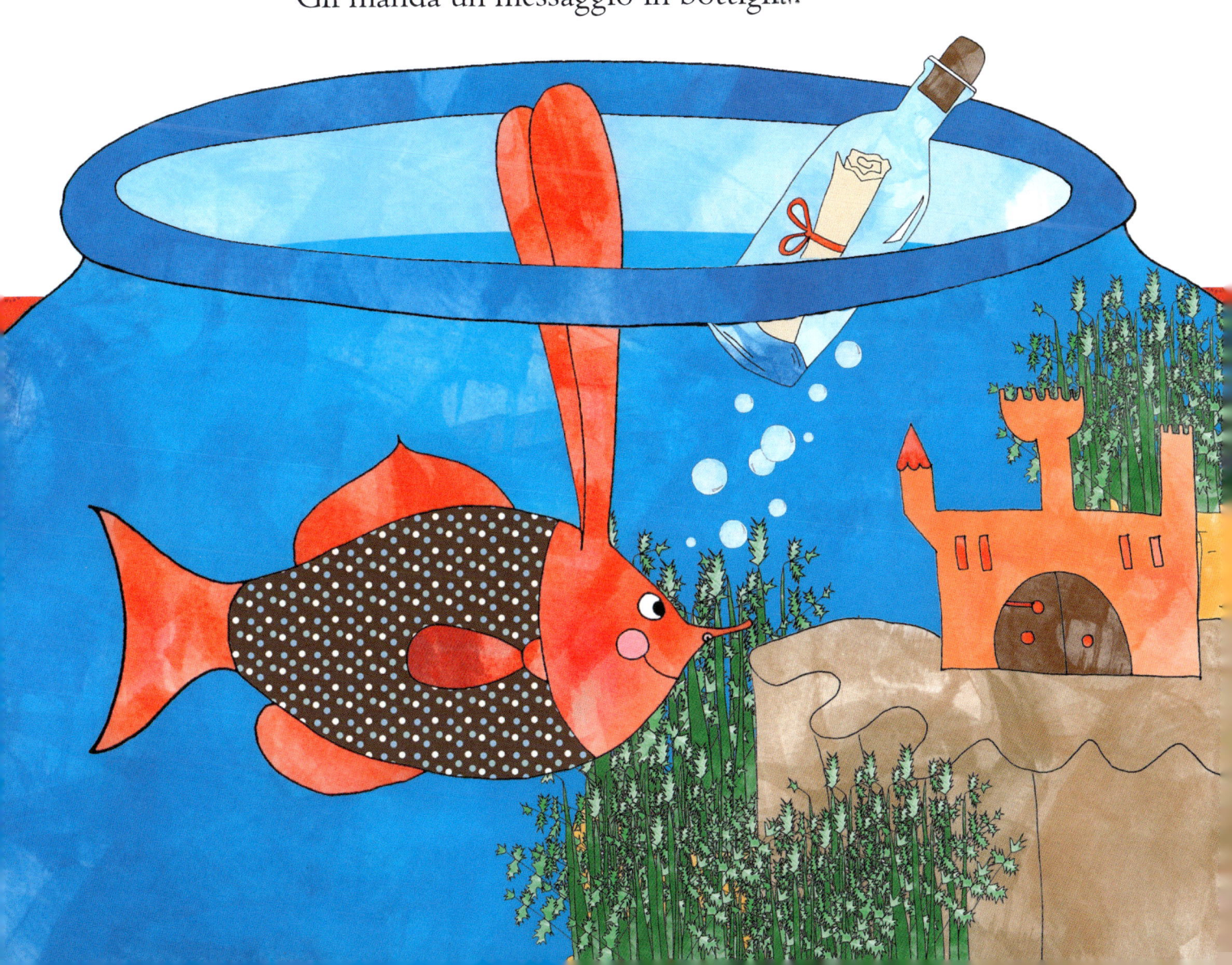

"Un messaggio in bottiglia
dall'acquario di Pancho?!
Evviva! Lo leggo subito..."

Mister Coniglio

srotola la pergamena e legge a voce alta:

5 REGOLE D'ORO PER USCIRE SANI E SALVI DA UN CAPPELLO A CILINDRO

1 imparare a memoria la seguente Formula Magica (in pancese)

2 prendere l'ombrello
3 chiudere gli occhi
4 fare tre salti a piacere
5 gridare la Formula Magica

Mister Coniglio

se la cava bene con il pancese.
Legge e rilegge le 5 regole d'oro.
Poi chiude gli occhi,
imbraccia l'ombrello,
fa 3 salti della felicità
e grida a squarciagola la Formula Magica
(quella giusta).

"SIM SALA BOOOMMM"

"FUNZIONA!
GRAZIE PANCHO!!
UH UH, CHE BELLE STELLE.
PER MILLE CAROTINE!"

Mister Coniglio

vola in cielo più in alto della luna.
Con l'ombrello per fortuna!

Ma ormai è sera!

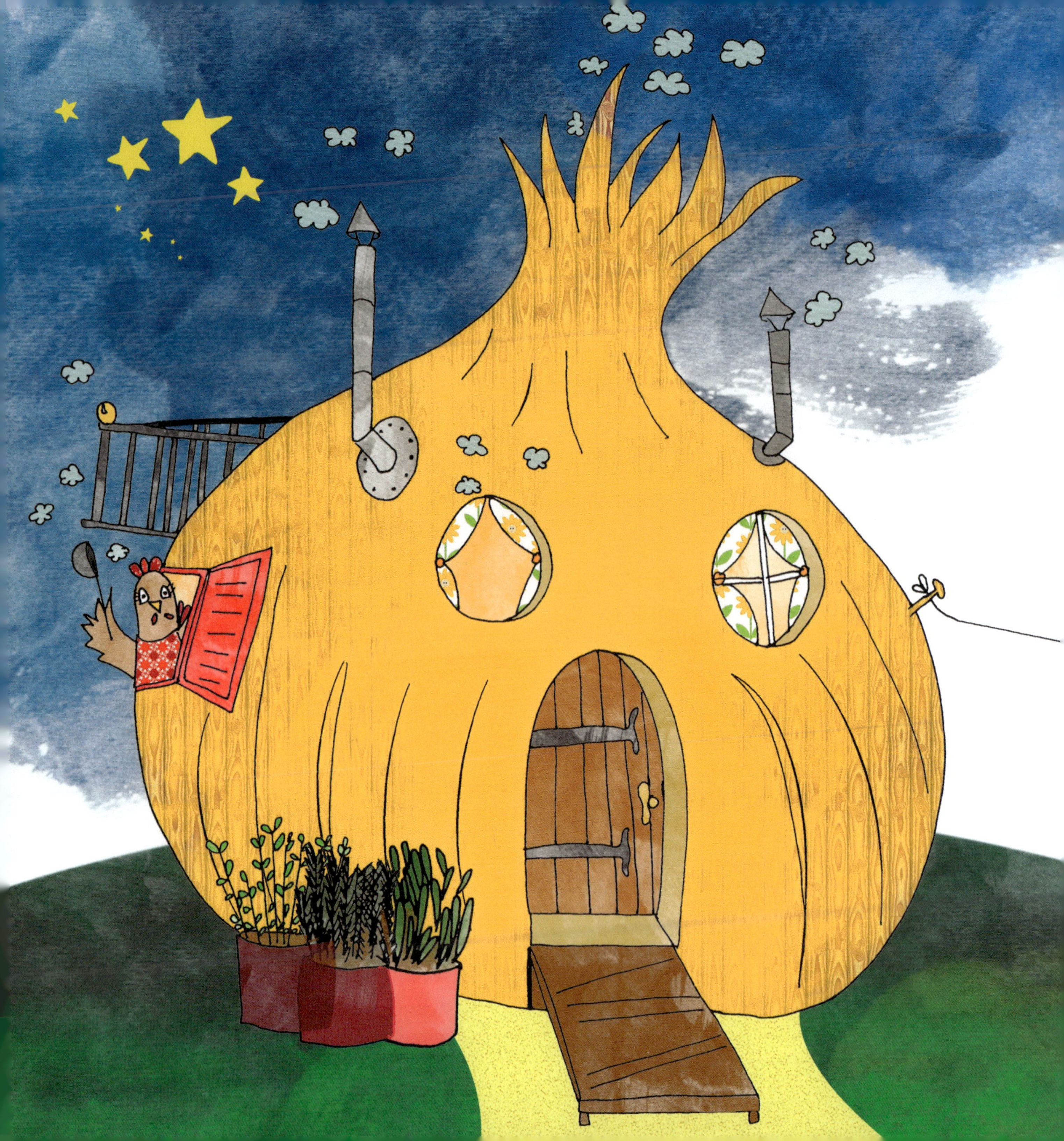

Mister Coniglio

vola e svolazza nel cielo stellato,
e atterra nel giardino di Villa Cipolla che è già ora di cena.

"Uh Uh, buona sera amica mia!
Per il pranzo sono in ritardo
ma sono tutto baffi per la cena!"

Miss Gallina
sta scegliendo i mestoli per il gran finale.

"Ma quale cena!
Siamo alla fine del pranzo,
tutti pronti per la mia specialità!"

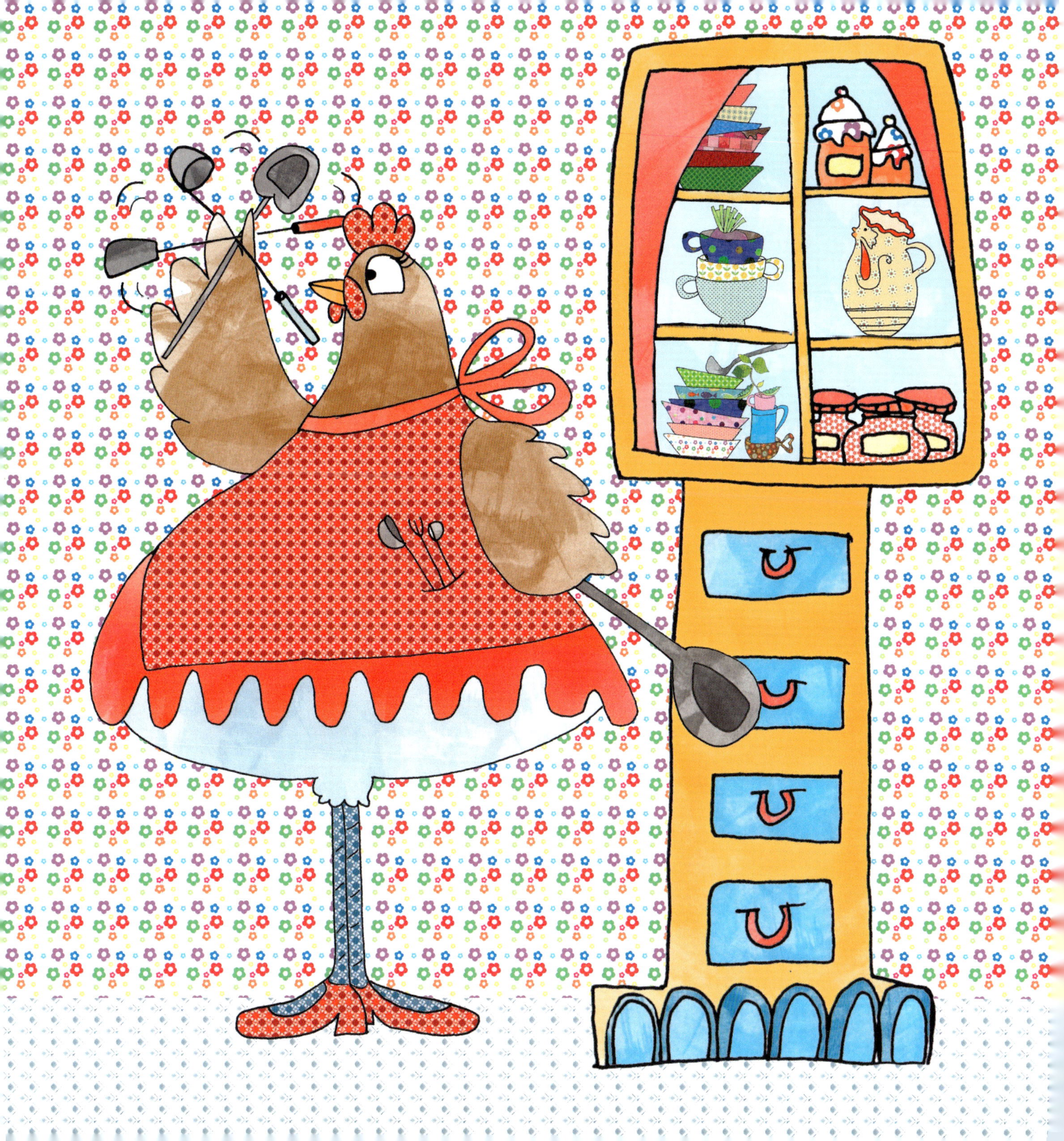

Pane inzuppato

Miss Gallina
è la cuoca di brodi più famosa del paese.
Il suo menu ha almeno 10 portate!

Zuppa di pesce **Vino sbrodolato** **Minestra di Fiordicarote**

Brindisi in brodo

Zuppa di fungoni

Macedonia bollita

Verdure in acqua pazzerella

Antipasti in tazza grande

Mister Coniglio

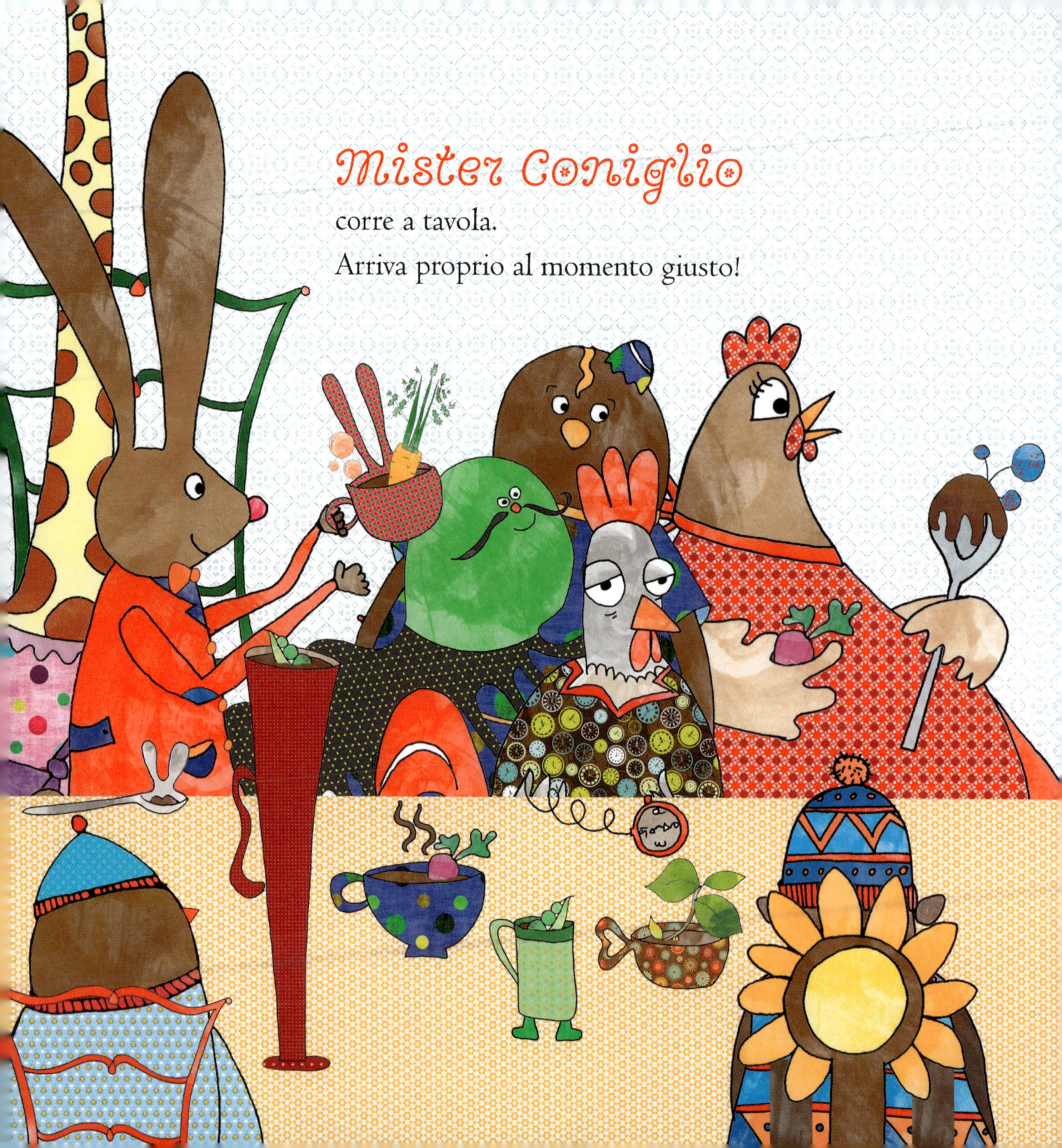

corre a tavola.

Arriva proprio al momento giusto!

Miss Gallina

serve a tutti gli amici il suo squisito, fanta-meraviglioso, super-acquolinoso... CIOCCOLATO IN BRODO!!!

In un lampo il dolce è finito.

Sono tutti satolli,
ma c'è chi resta sveglio
e chi si mette a dormire!

MISTER PULCINO

ne prende un'ultima tazza.

Lui è un esperto di cioccolato,
visto che è l'unico pulcino al mondo
nato da un uovo di Pasqua!

MISTER PULCINO è l'unico pulcino al mondo nato da un uovo di cioccolato. Se vuoi scoprire cosa combina non perdere il terzo volume della serie Best Friends Books!

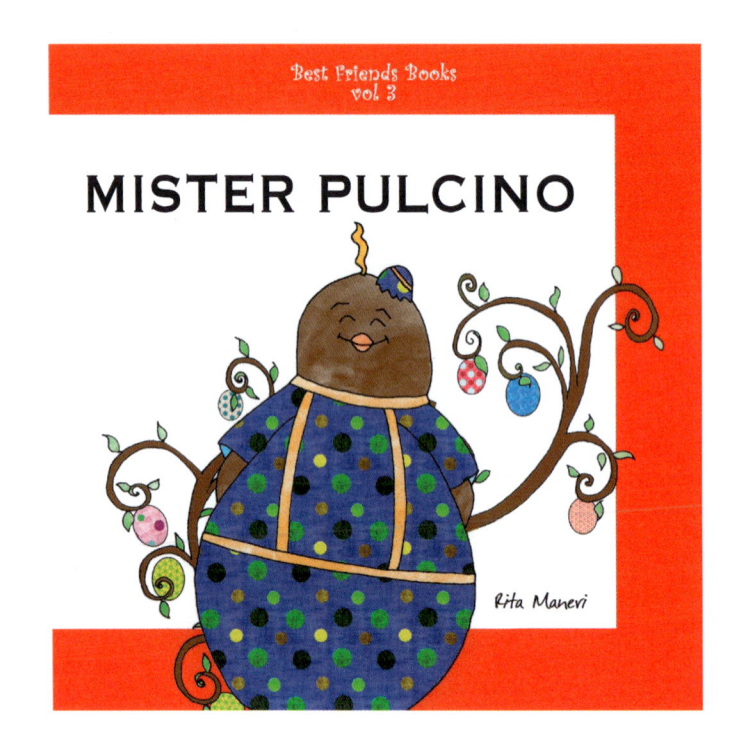

http://www.bestfriends-books.com
http://www.facebook.com/TheBestFriendsBooks

I volumi della collana **Best Friends Books** escono con cadenza bimestrale e sono disponibili in italiano, inglese, francese, spagnolo, tedesco, portoghese e cinese.

Mister Gufo è un nuovo Best Friend!
Puoi disegnare anche tu uno dei migliori amici
nella pagina bianca a destra
e inviarlo all'indirizzo
info@bestfriends-books.com.

Pubblicheremo i disegni
sulla pagina facebook dei
Migliori Amici!

https://www.facebook.com/TheBestFriendsBooks

Printed in Great Britain
by Amazon